童眼识天下 科普馆

SHI QIAN DONG WU
史前动物

童心○编绘

化学工业出版社

·北京·

编绘人员：

王艳娥　王迎春　康翠苹　崔　颖　王晓楠　姜　茵
李佳兴　丁　雪　李春颖　董维维　陈国锐　寇乾坤
王　冰　张玲玮　盛利强　边　悦　王　岩　李　笪
张云廷　陈宇婧　宋焱煊　赵　航　于冬晴　杨利荣
张　灿　李文达　吴朋超　曲直好　付亚娟　陈雨溪
刘聪俐　陈　楠　滕程伟　高　鹏　虞佳鑫

图书在版编目(CIP)数据

童眼识天下科普馆.史前动物／童心编绘.—北京：化
学工业出版社，2017.9（2025.1重印）
ISBN 978-7-122-30241-0

Ⅰ.①童…　Ⅱ.①童…　Ⅲ.①常识课-学前教育-
教学参考资料　Ⅳ.①G613

中国版本图书馆 CIP 数据核字（2017）第 167538 号

项目策划：丁尚林　　　　　　　　　　　　　责任校对：王　静
责任编辑：隋权玲　　　　　　　　　　　　　封面设计：刘丽华

出版发行：化学工业出版社(北京市东城区青年湖南街13号　邮政编码100011)
印　　装：北京宝隆世纪印刷有限公司
889mm×1194mm　1/20　印张4　2025年1月北京第1版第11次印刷

购书咨询：010-64518888　　　　　　　售后服务：010-64518899
网　　址：http://www.cip.com.cn
凡购买本书，如有缺损质量问题，本社销售中心负责调换。

定　　价：19.80元

前言
FOREWORD

地球已经 46 亿岁了！而人类才在地球上生存了几百万年。那么，在人类出现之前，又有哪些动物曾经生活在地球上呢？《史前动物》为你揭晓答案。

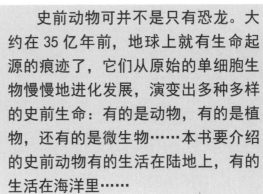

史前动物可并不是只有恐龙。大约在 35 亿年前，地球上就有生命起源的痕迹了，它们从原始的单细胞生物慢慢地进化发展，演变出多种多样的史前生命：有的是动物，有的是植物，还有的是微生物……本书要介绍的史前动物有的生活在陆地上，有的生活在海洋里……

也许你会觉得这些史前动物模样很怪，但是仔细瞧一瞧，它们中的一些成员是不是和某种现代动物有些相像呢？那当然，史前动物可是现代动物的祖先呢。不过，也有许多史前动物永远消失在了历史长河中。想了解更多吗？那就在《史前动物》一书的引领下，去探访精彩的史前世界吧。

目录
CONTENTS

20

32

14

46

史前最大的昆虫——巨脉蜻蜓

巨脉蜻蜓出现在距今 3 亿年前，直到今天，人们也没发现比它还大的昆虫。你一定无法想象，巨脉蜻蜓的翅展竟然可以达到 75 厘米，真是太可怕了！

飞行捕食

巨脉蜻蜓长着一个庞大的脑袋和一双大大的眼睛，平时穿梭在沼泽、池塘的上方，寻找百足虫和其他昆虫，那些都是它爱吃的食物。当巨脉蜻蜓振动双翅飞向蓝天时，会发出巨大的嗡嗡声。

边飞边吃

巨脉蜻蜓能在半空中捕捉飞虫，并在飞行中用腿将美味送到嘴边，狼吞虎咽地饱餐一顿。

悬空停留

巨脉蜻蜓和现在的蜻蜓很像，也有两对可以上下拍动的翅膀。在搜寻猎物时，它们可以像直升机那样悬停在空中。

凶猛的海洋捕食者——奇虾

大约 5 亿年前，海洋中最凶猛的捕食者莫过于奇虾了。虽然叫"虾"，但它们其实和现在的虾没有任何关系。

巨大的身体

奇虾在寒武纪的海洋中算得上是"巨无霸"了，它们的身体可长达 1 米，一对用于捕食的巨型前肢非常显眼。奇虾的眼睛有乒乓球那么大，嘴巴更是像一个大碗，里面分布着齿轮一样的牙齿。

快速游泳

奇虾的前肢可以弯曲，但是没有关节，所以它们并不善于行走。不过，奇虾的身体呈流线型，背腹扁平，身体两侧有宽大的桨状叶，这样的身体构造让奇虾拥有了快速游泳的能力。

海洋霸主

奇虾具有非常强的攻击性，它尖锐的牙齿甚至能咬碎三叶虫坚硬的甲壳，当时几乎没有什么生物能对它构成威胁。

温和的扁肯氏兽

扁肯氏兽生活在三叠纪晚期，没错，它曾经和恐龙生活在同一时期。扁肯氏兽居住在旷野中，喜欢群居生活，矮小的蕨类是它最喜欢的食物。

喙嘴

除了长长的獠牙，扁肯氏兽还有坚硬的喙嘴。这种喙嘴与现代海龟的喙嘴相似，可以帮助它咬断植物的茎和根。

武器

扁肯氏兽性情温和，喜欢吃植物。它有两颗十分锋利的牙齿，平时就用这两颗长牙刨开泥土，取食植物的根茎。不过，当两只愤怒的扁肯氏兽相遇时，长牙就变成了它们打斗的武器。

摇摇摆摆走起来

扁肯氏兽走路的姿势十分奇特，它是半直立行走，走动时，每向前一步，身子都要摆动，这让它看上去总是摇摇晃晃的，十分有趣。

飞行的"渔夫"——真双齿翼龙

当恐龙在陆地上称王时，翼龙成为了天空的主宰者。翼龙是恐龙的邻居，与恐龙不同的是，翼龙有一双可以滑翔的翅膀。现在，就来认识一下古老的空中之王吧！

拍拍翅膀，飞翔吧！

真双齿翼龙非常善于飞翔，这从它的骨骼上就能看出来。真双齿翼龙的骨头又轻又薄，里面还充满了空气，这让它的身体非常轻盈。它的翅膀从前后肢之间伸展出来，只要轻轻拍动，真双齿翼龙就能振翅而飞。

尾巴是个平衡器

真双齿翼龙的尾巴又长又硬，足有它身体的一半长。尾巴的末端还有一个小小的尾片，这是真双齿翼龙的方向舵，可以让它在空中自由地改变方向。真双齿翼龙飞行时，总会把尾巴伸得很直，之所以这样做，是为了保持身体平衡。

捕鱼高手

真双齿翼龙生活在海岸边，鱼类是它最喜欢的食物。敏锐的视力可以让它准确地判断水中鱼的位置，锋利的牙齿可以保障叼住猎物后不掉落，高超的飞行技术让它在发现猎物后可以迅速行动。这一切，都让真双齿翼龙成为了卓越的捕鱼高手。

长脖子的蛇颈龙

三叠纪的海洋并不寂寞，这一时期蛇颈龙出现了。后来，蛇颈龙凭借庞大的体形和独特的捕食技巧成为了"海洋霸主。"

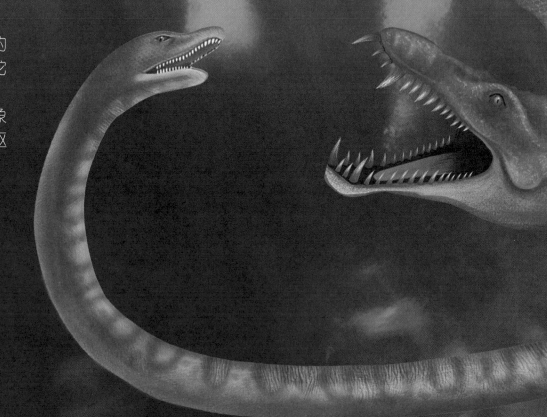

大蛇 + 乌龟？

有人说蛇颈龙的样子就像是一条大蛇穿过了一个乌龟壳，这个说法真是再形象不过了，蛇颈龙的躯干的确就像乌龟一般。

水中怪物

蛇颈龙游泳速度比较慢，但不要以为蛇颈龙就是好惹的，它成为"海洋霸主"靠的可是真本事。蛇颈龙的长脖子非常灵活，它能够轻而易举地捕食游动的鱼类，甚至能咬住在水面上飞翔的翼龙。

胃石之谜

　　蛇颈龙由于吃了许多外壳坚硬的蛤蜊和螃蟹，所以也会吃些石头来促进消化。不过，蛇颈龙吃石头还有一个很重要的原因：特殊的身体构造让它不能灵活地潜入水中捕食，于是蛇颈龙会故意吞下许多大大小小的石头，来增加身体的重量，让自己不再漂浮在水面上。

最早的水生哺乳动物——狸尾兽

狸尾兽是唯一在中生代地层发现的半水生哺乳动物，也是侏罗纪时期的哺乳动物。它的尾巴长得和河狸的很像。像水獭一样，狸尾兽喜欢吃鱼。

最早的水生哺乳动物

鲸是我们都熟知的水生哺乳动物，但你一定不知道，狸尾兽的出现时间比鲸早了一亿多年。

黑夜的偷袭者

狸尾兽一般在夜间活动，它会忽然出现，从猎物后面偷袭。它的扁平大尾巴能帮助它游泳，流线型的身体和长着蹼的脚让它能在水中快速地游动。逮住食物后，它会衔着食物回到自己的巢穴。

巢穴

狸尾兽的巢穴就建造在海岸边。它的巢穴有2个入口，一个在水里，一个在岸上的隐蔽处。宽敞的巢穴里铺着许多柔软的蕨类，非常舒适。狸尾兽在洞穴里享受完美食后，就开始睡大觉，因为白天开始了。

水中恶龙——滑齿龙

滑齿龙是有史以来最强大的水生猛兽之一，它长得很像鲸鱼，常常滑动着四片鳍在水中游荡。除了有时浮到水面呼吸新鲜空气外，滑齿龙几乎一生都在水中度过。

在巨大鳍桨的驱动下，滑齿龙在浅海水域威严地巡视，那布满尖锐牙齿的大嘴就像是一台恐怖的吞噬机器。碰到它，巨鲨、鳄鱼、利兹鱼等都要退避三舍，否则一定会成为这位海洋霸主的美餐。

灵敏的嗅觉

滑齿龙能在海洋中占据统治地位，除了依靠强悍的战斗力外，灵敏的嗅觉也是它捕食成功的关键。滑齿龙的鼻腔结构很特别，这让它在水中也能嗅到气味，即便距离很远，滑齿龙也能发现猎物的踪迹。

在水中隐形

科学家推测滑齿龙可以在水中"隐形"，让其他动物"看不到它"。原来，滑齿龙的背部颜色深，腹部颜色浅，这种颜色结构在海里是一种非常好的伪装。

始祖鸟不是鸟

始祖鸟是鸟类的祖先，这个结论在很长一段时间里是被认可的，但是现在科学家们又有新的观点——始祖鸟是恐龙家族的成员。这到底是怎么回事？我们一起去看看吧！

是鸟，还是恐龙？

直到现在，仍然有许多人认为始祖鸟是鸟类的祖先。但是，始祖鸟的身体上有明显的恐龙家族的特征，所以科学家认为，始祖鸟是恐龙向鸟类进化过程中的一位特殊"代表"，它实际上还是属于恐龙家族。

短距离飞行

　　平时，始祖鸟都只在地面上追逐捕捉昆虫或爬行动物，需要飞行的时候比较少。不过，有时始祖鸟也会飞向天空，但是它也许只能在低空滑翔，而且持续时间并不长。

飞向天空

　　始祖鸟是怎样从陆地转战天空的呢？关于这个问题，科学家们的看法并不一致。有人认为，因为始祖鸟善于奔跑，在奔跑时它用前肢拍打空气加速，慢慢地前肢变成了翅膀。有些人并不同意，他们认为始祖鸟原本就生活在树上，为了更好地生存，它才进化出了翅膀，具有了滑翔的能力。

最大的飞行动物——风神翼龙

白垩纪的天空依然由翼龙家族主宰着。这时的翼龙尾巴变短，脖子变长，同时，体形也达到了巅峰，出现了地球上最大的飞行动物之一——风神翼龙。

填饱肚子

由于身体庞大，风神翼龙对食物有强烈的需求。如果没有及时补充能量，风神翼龙就会饿得头晕眼花。风神翼龙常常要飞行很远的距离寻找食物，鱼类、动物尸体都有可能被风神翼龙用来填饱肚子。

名字的由来

1971 年，一个古生物学家在墨西哥边境发现了一些巨大的翼龙化石。他灵光一闪，想起了墨西哥土著人非常崇拜的风神——一条长着羽毛的蛇，于是就给这种翼龙取名为风神翼龙，也称羽蛇神翼龙。

最大的飞翔者

    风神翼龙身长可达 12 米，翅膀展开后足有 11 米。它的身体这么大，但体重却还不到 250 千克。据说风神翼龙是地球上滑翔速度最快的动物，它每扇动一次翅膀就可以滑翔 2 千米，如同风神一般有御风而行的本领。

马的祖先——原蹄兽

马是现在非常常见的动物，但你知道马的祖先是谁吗？告诉你吧，马的祖先就是生活在古新世的原蹄兽。

体色掩藏

　　原蹄兽喜欢成群结队地活动。它们身上的皮毛应该带有条纹或者斑点，它们在林间觅食或者活动的时候，一旦遇到敌人，便将身体隐藏在树丛中，而皮毛就是最棒的伪装服。

杂食动物

　　原蹄兽的体形和现代的绵羊差不多，和现代马高大的体形相比，它就有些娇小了。原蹄兽的上下颌共有 44 颗牙齿，从牙齿来看，它主要以植物为食。不过，原蹄兽有时也吃些肉类或者昆虫，换换口味。

长着6只角的尤因它兽

尤因它兽身体笨重，长得看起来很像犀牛。不过，它没有犀牛鼻子上的尖角，取而代之的是6只特角，这是尤因它兽最特别的标志。

只能走，不能跑

尤因它兽的身体笨重，好在它长着粗壮的大腿，可以支撑身体的重量。不过，尤因它兽脚趾、前肢和后掌的骨头都非常短，所以它并不擅长跑步。

奇怪的角

尤因它兽有6个奇怪的角，这些角可能是雄兽之间相互争斗的工具，也可能是雄兽在求偶时赢取雌兽青睐的一种工具。

素食主义者

　　别看尤因它兽长得很凶，但其实它是素食主义者，对肉一点儿兴趣都没有。它喜欢吃树叶、果实和草。尤因它兽一般生活在近水的地方，并用匕首状的犬齿来挖掘水中或沼泽中的植物来吃。

水中的帝王蜥蜴——龙王鲸

龙王鲸是最古老的鲸类之一，身体足有一辆两节公交车那么长。最初找到它的化石时，人们以为那是一种巨大的海洋爬虫，因此将它命名为"帝王蜥蜴"。

庞大而灵活

龙王鲸的身体巨大，体长一般为15~18米，有的甚至可达21米。它身体修长，行动起来非常灵活。

中空的脊椎

龙王鲸的脊椎骨细长，而且是中空的，里面充满了液体。这表明也许龙王鲸平时只能在海面活动，而且无法长时间潜水。

寻找猎物

　　龙王鲸并不挑食，鱼、鲨鱼、乌贼和海龟等海洋动物都会出现在它的食谱中。由于身体巨大，龙王鲸不得不大量捕食，以维持身体的能量需要。因此，它大部分时间都在浅海四处巡视，寻找潜在的猎物。

水陆通行的步行游鲸

现在的鲸鱼都生活在海洋中，四肢也早已退化成鳍。但你知道吗？在很久以前，鲸可是长着四条腿的，其中最著名的是步行游鲸，它既能在水中生活，又能爬上陆地。

奇怪的长相

步行游鲸生活在距今几千万年前，是早期鲸类动物中名气最响亮的成员之一。步行游鲸的模样和现代的鲸很不一样，看起来既有点儿像狼又有点像海豹，头部与鳄鱼十分相似，这让它看上去非常凶恶。

游泳高手

　　步行游鲸应该是游泳高手，它的四肢长满了蹼，而且后肢非常强壮，这些身体特征都保证它能在海洋里随意畅游。在水中，它依靠身体上下摆动和后肢击水来前进，与现代的水獭很像。

狩猎开始

　　步行游鲸的狩猎方式与鳄鱼类似，主要采用伏击的方法。它会利用强有力的双颚将潜在水底的目标牢牢地咬住，或者把陆上捕食的猎物死死地压制在水中，直到它们窒息停止挣扎为止。

行动笨拙的巨兽——裂肉兽

裂肉兽体形庞大，外形很像拖着尾巴的犬熊。它有着锋利的牙齿和爪子，是当时的超级猎食者。

高大的体形

裂肉兽体形较大，头骨就超过 50 厘米长，它站立起来时，爪子可以够到 5 米高的地方。不过，裂肉兽的脑子却很小，所以也许它并不聪明。

吃什么？

裂肉兽身形笨重，行动可能有些笨拙，所以它应该是以腐肉或者以捕食运动速度较慢的动物为生。不过，凭借庞大的体形，裂肉兽可以抢夺其他食肉动物的猎物。

尖牙利齿

裂肉兽的双颌十分有力，上颌的牙齿粗大尖锐，下颌的牙齿虽然短小，但是非常坚固。从它的牙齿来看，裂肉兽可以撕裂大型猎物的厚皮，甚至咬断它们的骨骼。

模样像猪的始祖象

始祖象，听名字你也许认为它是大象的祖先。其实，始祖象并不是大象的"直系亲属"，而且它和现代大象的区别非常大，反而和现代的猪有几分相似。

生活在水边

始祖象生活在水边，它的眼睛和耳朵的位置比较高，这样一来，即使始祖象在水中，眼睛和耳朵仍然能露出水面侦察四周的情况。

有用的厚唇

始祖象虽然还没有进化出长鼻子，但是它拥有宽大粗厚的上唇，可以帮助它翻动沼泽中的植物。

柔软的叶子它爱吃

　　始祖象的牙齿并不耐磨，因此，它只能吃柔软的植物叶子。它当时生活的地方植被茂盛，内陆河湖很多，所以食物还是很丰富的。

超级猎食者——安氏中兽

安氏中兽是地球上曾经出现过的最大的陆生哺乳动物之一，它的模样像一头凶恶的狼，但是却长着和牛马一样的蹄子，真奇怪！

巨大的牙齿

安氏中兽不仅长有粗大的犬齿，还有坚固的后齿，它的双颚也很有力，因此可以撕烂猎物的皮肉，甚至咬碎对方的骨头。不过，有的古生物学家认为，安氏中兽有粗大的犬齿，但其实并不锋利。

杂食动物

安氏中兽的牙齿并不锋利，它没有尖锐的爪子，脚上还长着蹄子。这虽然能让它迅速奔跑，但并不适合捕杀猎物。因此，安氏中兽极有可能是杂食动物，它既吃动物的尸体，也吃植物的根、茎等，有时还吃一些昆虫。

无奈灭绝

安氏中兽的食量非常大。后来由于地质变迁，气候发生了很大变化，许多食草动物都死了，安氏中兽失去了最主要的食物来源，最终无奈灭绝了。

大块头的巨犀

巨犀是名副其实的"巨兽"，身长大约 8 米，体重是成年非洲象的 4 倍左右。它是犀牛的表亲，但是长得却更像是又大又胖的长颈鹿。

牙齿

巨犀嘴的前端有两对牙齿，上颌有一对獠牙般的牙齿向下生长，下颌有一对稍小些的牙齿向前生长。正是靠这两对牙齿，巨犀才能吃到高处的叶子和嫩芽。

保护幼崽

成年巨犀会保护自己的孩子。巨犀体形巨大，它几乎没有天敌，当时那些庞大的肉食动物根本不能威胁它，幼巨犀有母亲的保护，被猎杀的可能性很小，因此幼崽多数能平安长大。

副巨犀

　　副巨犀是巨犀的一种，是目前已知的最大的陆生哺乳动物之一。它体长达 9 米，体重超过 15 吨，身高约 6 米，仅头部就超过 1 米长，可算是哺乳类动物中的巨无霸了。

团结的猎手——黄昏犬

黄昏犬是地球上最早出现的犬科动物之一，它生活在北美洲，体形并不大，可能是狗的"直系祖先"。

凶狠的猎手

黄昏犬的牙齿大而发达，非常锋利，在捕食时可以紧紧咬住猎物。当黄昏犬的上臼齿和下臼齿相互配合时，那简直是绝妙的组合，能迅速撕裂和切断食物，特别是咬食肉类食物的时候更是快速、方便。

有组织的出击

　　黄昏犬过着集体生活。它们一起活动，一起寻找食物，一起对付敌人。令人惊讶的是，它们在捕猎时从来不会乱成一团围上去，而是非常有秩序、有纪律地一个个出击，甚至还懂得"尊老爱幼"，总是保护那些年幼的和年老的同伴。

尾巴

　　黄昏犬的尾巴和身体一样灵活。它们奔跑时，蓬松的大尾巴摇来摇去，十分有趣。更重要的是，在出现紧急情况时，它们的尾巴还能向同伴传达信息，摇摆的方向、姿势不同，代表着不一样的意义呢。

怪模样的铲齿象

在距今 1000 多万年前，地球上出现了一种象，它生活在河流、溪水旁边，拥有一对奇怪的"铲齿"，这种怪模样的象就是铲齿象。

铲状獠牙

如果不看嘴巴，铲齿象和现代的大象简直一个样。事实上，铲齿象的下巴很长，上面并排长着一对牙齿，形状像一个大铲子。

庞大的身体

　　铲齿象拥有庞大的身躯，体重有四五吨，四肢粗大，脚踝离地面很近，脚下还有脂肪肉垫，可以支撑脚骨。这样一来，行走的时候，它身体的重量就可以分摊开来。

合作

　　从铲齿象的牙齿磨损程度来看，它经常用獠牙的尖端拉扯植物。铲齿象的两颗獠牙十分厉害，能将坚硬的树枝和树皮切碎。此外，它的长鼻子也能帮助拉扯树枝，直到将树枝切断为止。

河马与海牛的混合体——索齿兽

索齿兽的样子很像河马，但是它却生活在海里，化石特征与海牛相似。想象一下，你就知道它有多奇怪了吧。

在海底行走

索齿兽的脚是向内生长的，这使它在陆地行走十分笨拙。但到了水里，索齿兽就会变得灵活很多。它主要靠蹬后足前进，特殊的胸骨可以支持身体后半部的体重，而前肢起支撑、桨和舵的作用。

杂食动物

索齿兽的食性，人们至今并不是很清楚，有人认为它以海藻、海草为食；还有人认为它牙齿具有较强的压碎力，以软体动物、贝壳等为食。所以，索齿兽也许是杂食动物。

灭绝

索齿兽为什么灭绝？现在还没有定论。最有可能的原因是海洋温度和盐度的改变导致索齿兽的食物短缺。

凶悍威猛的剑齿虎

剑齿虎有一对又长又尖的犬牙，就像剑一样锋利，所以人们给它起了这个名字。剑齿虎是冰河时代最有名的动物之一，号称"草原霸主"。

保护犬牙

剑齿虎的嘴里长着一对大犬牙，长可达25厘米，远远超过了现在所有的猫科动物。尽管大犬齿看起来威风凛凛，但剑齿虎仍然要小心保护，以免一不留神把它们折断。

捕猎

剑齿虎的犬牙在深深插入猎物的身体里时，很容易被损坏或卡住，而且它的奔跑速度不是很快，所以，剑齿虎通常会采用伏击的办法捕猎，将猎物扑倒在地，然后用犬牙迅速咬住猎物的喉咙或其他血管丰富的地方。

进食

　　剑齿虎的犬牙太长了，所以它可能像其他猫科动物一样，从嘴的一侧进食，用侧面的裂齿进行撕咬。

潜伏的捕猎者——恐猫

恐猫的一对牙齿，和剑齿虎的十分相像，不过，恐猫的牙齿没有剑齿虎的发达。另外，恐猫全身布满花纹，这件独特的"外衣"可以在野外很好地保护它。

犬齿

恐猫的犬齿虽然短小，却十分粗壮、结实。它的犬齿呈扁平状，上犬齿较长，下犬齿较短，边缘可能还有锋利的锯齿。恐猫在捕猎时，常常用这对牙齿死死地咬住猎物，直到猎物窒息而死。

偷袭捕猎

恐猫擅长爬树，但行动不够迅速敏捷，所以它很可能是在夜间偷袭捕猎，悄悄地接近猎物，然后突然袭击，将其捕获。

食物

    凭借厉害的牙齿，恐猫的食物十分丰富，可能还包括大型羚羊、狒狒和南方古猿。其中，南方古猿是人类的远祖，他们四肢软弱，无法快速奔跑逃生，更没有武器保护自己，所以南方古猿或许是恐猫最喜欢捕猎的食物。

持剑武士——剑吻古豚

剑吻古豚生活在中新世，最突出的特点就是长着像剑一般的长吻。这个长吻是它捕捉食物的重要武器。

超前的身体结构

剑吻古豚的身体呈流线型，体长约 2 米，属于当时的小型海洋动物。不过，剑吻古豚的身体结构很超前，它已经进化出了回声定位系统。

捕猎

　　捕猎时，剑吻古豚可以通过回声来感知周围的环境，确定猎物的位置。然后，它会用长长的剑吻不停地撞击猎物，很快就能将猎物制服。另外，它还长有锋利的牙齿，能将食物一口咬断。

铁甲战士——雕齿兽

雕齿兽全身覆盖着一层坚硬的甲壳，它在地上爬行的时候就像一辆移动的迷你装甲车。

铠甲

雕齿兽身上背着龟壳一样的盔甲，那是由表皮衍生出来的鳞甲。每片鳞甲都是近似六边形的，相互交错在一起，既足够坚硬，又能随雕齿兽的行动灵活摆动。

头冠

雕齿兽有独特的骨板和甲壳，这个甲壳就像龟壳一样。不过雕齿兽并不能像乌龟那样把头缩入壳内，而是在头顶戴上一个骨冠来保护自己。

武器

雕齿兽有一条管状尾巴，尾巴的末端有角质化的刺，就像一条带刺的巨型棍棒，这是雕齿兽的防御利器。在坚硬的铠甲与有效的防御武器配合之下，那些凶猛的肉食动物很难对雕齿兽构成威胁。

安静的懒汉——大地懒

大地懒和现在的树懒很像，只是它不是整天挂在树上，而是"懒"在地上，吃饱喝足后，就会躲在一个地方睡觉。

巨兽

大地懒的名气很大，是冰河时代仅次于猛犸象、乳齿象的第三号陆地巨兽，就连剑齿虎都是它的手下败将。

站立进食

大地懒体形巨大，比亚洲象还大，前肢和后肢都长着强壮、尖锐的爪子。它可以只靠后肢形成两足站立的姿势；当用前臂抓取树梢的树叶时，它还会用粗壮的尾巴支撑在地面上，形成"三足鼎立"的姿态。

自卫武器

　　大地懒面貌凶恶，毛皮厚实，在皮下还有一层皮肤硬化形成的"甲胄"，这样坚固的防护层，使得那些食肉兽的袭击很难成功。同时，大地懒的前臂和巨爪非常强壮，它还有一条粗壮的尾巴，这些都是大地懒保护自己的武器。

温柔的巨人——巨猿

巨猿可能是有史以来最大的猿类。它可以用后腿站立，还会发出震耳的咆哮声。由于模样丑陋，它看起来非常恐怖和凶猛。

牙齿与食物

到现在为止，古生物学家已经发现了很多巨猿化石，特别是下颌骨和牙齿化石。巨猿长着强壮的犬牙和巨大的臼齿，还有一些牙齿小小的，与人类的牙齿很像。从牙齿的磨损程度来看，巨猿是彻底的素食主义者，而且很喜欢咬磨一种特别的植物，也许是竹子。

性情温柔

巨猿和原始人类生活在同一时期。当巨猿在森林中行走时，它沉重的脚步会引起地面震动，常常将原始人吓得四散奔逃。其实，巨猿虽然高大丑陋，但性格十分温柔，从不杀生，只吃植物。

化石

1935 年，一名德国古生物学家在中国香港的一家中药铺里，首次发现了巨猿的牙齿化石。

不像长颈鹿的长颈鹿——西瓦兽

看到西瓦兽，也许你会认为它是牛或者大羚羊。其实，西瓦兽是一种古代长颈鹿。

它竟然是长颈鹿？

西瓦兽和现代长颈鹿的差别实在是太大了，它的脖子比较短，身体很健壮，四肢更是粗实有力。它的模样，让人很难相信这是一种长颈鹿。

大角

现代长颈鹿虽然有角，但并不发达。而西瓦兽不仅头上有一对扁平的大角，眼眶上还有两个圆锥状的小角。雄兽会用头上的大角相互争斗，那两个小角则是在它们相互顶撞的时候保护眼睛的。

角的威力

西瓦兽的大角外面可能像牛角一样有一层角质。这种角在抵抗食肉动物的时候会发挥巨大的威力。西瓦兽生存的地区有很多凶猛的食肉动物，如果它没有很好的自卫武器的话，不可能生存几百万年。

长着三个脚趾的三趾马

三趾马和现代马的模样很相像，只不过现在的马只有一个脚趾，也就是马蹄，但三趾马却有三个脚趾。怎么样，很奇怪吧？

遍布四方的足迹

三趾马是马进化过程中的一个分支，虽然它的个头不如现代马高大，但三趾马的分布极其广泛。在上新世时期，三趾马十分活跃，它的足迹遍布草原，欧亚大陆、北美洲以及非洲都有它的足迹。

耐磨的牙齿

三趾马长期生活在草原上，主要靠吃植物生存，因此它的牙齿也进化出了与之相适应的特点，其中臼齿最发达。这样不但增加了咀嚼面积，还提高了吃草的速度，并能咀嚼一些韧性很强的植物。

三个脚趾

早期的三趾马生活在森林里，移居草原后，为了适应草原的生活，它的侧趾变得又细又短。虽然三趾马的脚上有三趾，但长期的奔跑让它的趾骨有了变化，身体的支撑力主要集中在了中趾上，这也让它的奔跑速度提高了不少。

模样像犀牛的雷兽

雷兽长得像犀牛，但其实它和犀牛没有什么关系，雷兽是马的亲戚。雷兽是个大家族，王雷兽、渐雷兽、锤鼻雷兽……都是雷兽家族的成员。

雷兽之名

一些雷兽的标本是印第安人在暴雨中发现的，人们认为这种怪兽可以在云端产生雷暴，因此给它取名为"雷兽"。

雷兽之角

雷兽早在始新世就在地球上出现了，不过那时它身体轻巧。后来，雷兽进化出了高大的身形，而且都长着角。雷兽的角是由额骨和鼻骨组成的，是它强有力的武器。

锤鼻雷兽

从名字中就可以看出来，锤鼻雷兽的鼻子上有一个高高隆起的骨突，就像是顶着一把大锤子。

王雷兽

王雷兽最明显的特点就是鼻子上有一对叉状的突起物，就像它的角一样。这对角很大，是王雷兽强有力的自卫武器。

熊猫的亲戚——巴氏大熊猫

提起大熊猫，想必无人不知、无人不晓了，它可是中国的国宝啊。那么你知道大熊猫是由哪种动物进化而来的吗？告诉你吧，答案是巴氏大熊猫。

大熊猫的盛世

巴氏大熊猫最早出现在早更新世，到了中更新世达到鼎盛。巴氏大熊猫广泛分布在我国西南、华南、华北和华中地区，甚至在越南和缅甸北部也有它的身影。

大熊猫的祖先

巴氏大熊猫的祖先是始熊猫，它的体形比较小，如同一只肥胖的狐狸。经过进化，始熊猫变成了体形巨大的巴氏大熊猫。更新世晚期，自然环境的剧烈变化，使得大熊猫家族逐渐衰落，分布范围不断缩小，体形也慢慢变小，渐渐变成了现在的样子。

吃竹子的食肉动物

巴氏大熊猫和现代大熊猫一样都爱吃竹子。但是，你一定想不到它们的祖先却是凶猛的食肉动物。巴氏大熊猫为什么会选择吃竹子呢？原来当时很少有动物吃竹子，巴氏大熊猫为了避免与其他动物正面竞争，就选择以竹子为主食。

可怕的掠食者——短面熊

短面熊是迄今地球上出现的体形最大的熊，它生活在200万年前，是一种可怕的掠食动物。

轻巧的猎食者

短面熊四肢着地时身高大约2米，当它用后肢站立时则超过3米，比已知的阿拉斯加棕熊还要高。不过，它的体重并不重，因为它的四肢虽然很长，但却较为"苗条"，所以短面熊活动起来比较敏捷。

短脸

在体貌特征上，短面熊的前额与其他熊类都不相同，它与现今的非洲狮一样有着宽阔的前额。短面熊的脸型确实够短，短宽的颌骨及发达的肌肉组织让它具有强大的咬力。

可怕的捕食者

短面熊也叫"噬牛熊"，因为它的猎物主要是美洲野牛和大角野牛。短面熊有一张长满利齿的大嘴，修长、健壮的身体让它具有强大的爆发力和速度，这些可以帮助短面熊战胜其他猛兽，成为顶级猎食者。

穿着厚斗篷的披毛犀

披毛犀又叫长毛犀牛，它是一种古老的犀牛，因为身上长着厚厚的毛而得名。

保暖装

披毛犀生活在冻原上，为了能在寒冷的世界里生存下去，披毛犀的身体上进化出了一层厚厚的毛发以及脂肪，用来保持身体温度，抵御寒冷的气候。

冻原王者

披毛犀的鼻尖长着一对粗壮的大角，再加上庞大的身躯，这些使披毛犀看上去十分威武，就像站立在冻原上的王者。

吃饭了

　　虽然披毛犀没有门牙，但这一点也不影响它进食，它会用簸箕一样的大嘴把植物吃进嘴巴里，然后用后面的颊齿嚼烂。它的齿冠很高，牙齿表面有许多褶皱，非常适合咀嚼干燥的草本植物。

史前巨兽——猛犸象

猛犸象曾经是地球上最大的象之一，它长着两根弯曲、巨大的牙齿，披着一身又粗又长的毛，看起来威武又可爱。

不怕冷

猛犸象生活在冰河世纪，是一种能适应寒冷气候的动物。它居住在高寒地带的草原和丘陵上。它身体强壮，披着一身黑色的长毛，而且它的皮很厚，体内还有厚约 9 厘米的脂肪层，所以猛犸象一点也不怕冷。

社会生活

　　猛犸象是现代象的"近亲"。古生物学家研究后发现，猛犸象的怀孕期可能长达 22 个月，而且一胎只能生一头小象。雌猛犸象聚集在一起生活，象群由一头雌象领导，而雄猛犸象常常过着独居生活，只有在繁殖期才会寻找伴侣。

天敌

　　与猛犸象生活在同一时期的，还有进化中的人类。开始，人类与猛犸象还能和平共处，可是随着不断进化，人类变得越来越聪明，还学会了制造工具、使用火以及协同作战，猛犸象便开始遭遇厄运，经常被人类围捕、猎杀。

奇怪的四不像——后弓兽

后弓兽的体形很像现在的骆驼，但它没有高高隆起的驼峰，却有一个和大象相似的长鼻，还有长颈鹿般的长脖子，简直就是个"四不像"。

灵活的脖子

像骆驼一样，后弓兽的颈部又细又长，而且行动极为灵活，既能伸得长长的去够树上的树叶，又可以弯下来在地面上找东西。

生活在水边

后弓兽可能生活在水边，经常在水中嬉戏。一些科学家认为它两眼之间长着高耸的鼻孔，那就是后弓兽的喷水孔。

后弓兽的发现

　　第一个发现后弓兽化石的人是大名鼎鼎的英国古生物学家达尔文，这块化石是达尔文在一次南美洲探险中找到的。但是受到当时条件的限制，达尔文推断后弓兽的骨骼化石属于一种大型的美洲骆驼。后来更多的同类化石陆续被发现，科学家才判定它是有蹄类动物的远亲。

家牛的祖先——原牛

原牛是一种颇具传奇色彩的野生牛，它身材魁梧、力大无比，是所有家牛的祖先。它在更新世时期分布最广，到了17世纪才灭绝。

长寿

和其他史前动物相比，原牛算得上是老寿星了。地球上最后一头原牛生活在波兰，它一直活到1627年。如果不是人类的滥捕滥杀，或许现在我们还能见到活的原牛。

凶猛的性情

原牛体形巨大，只比大象小一点，无论对人或者兽，它都不示弱，无法被驯化，即便是幼牛也很难被驯服。在古代，能不能杀死一头原牛成为了人们判断一个人是否勇猛的重要标准。

神话中的原型

在古代欧洲，有许多神话是以原牛为原型的。在希腊神话中，原牛就被认为是腓尼基王之女欧罗巴的化身。

原始又古老的脊椎动物——甲胄鱼

甲胄鱼出现在大约5亿年前，是地球上最早出现的一批脊椎动物。它虽然叫"鱼"，但和现代鱼类的关系并不大。

原始的外表

甲胄鱼的外表非常原始，基本只有一个鱼类的外形，不仅没有成对的鳍，也没有上下颌骨，身体上还覆盖着坚硬的骨质"铠甲"。

"吸尘器"式的觅食

甲胄鱼因为天生没有颌骨，所以捕食能力很弱，只能被动地像个"海底吸尘器"一样，靠吮吸的方式在海底觅食。

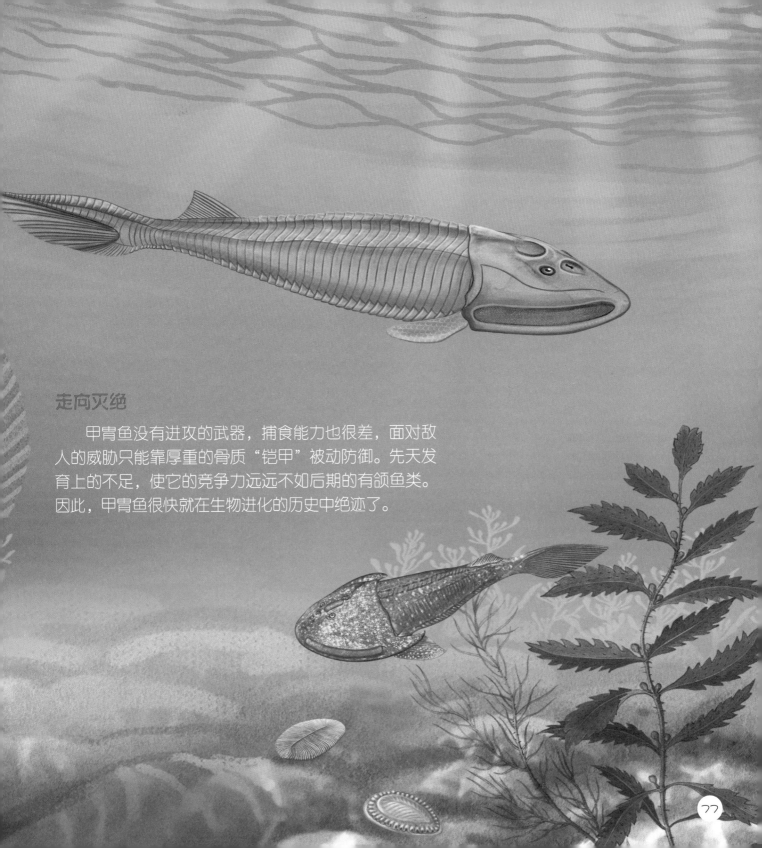

走向灭绝

　　甲胄鱼没有进攻的武器，捕食能力也很差，面对敌人的威胁只能靠厚重的骨质"铠甲"被动防御。先天发育上的不足，使它的竞争力远远不如后期的有颌鱼类。因此，甲胄鱼很快就在生物进化的历史中绝迹了。

长着华丽大角的大角鹿

大角鹿是到目前为止已发现的体形最大的鹿之一，生活在300万~1.2万年前，以低矮的植物为食。为了抵抗食肉动物的袭击，它们总是集体活动和休息。

沉重的大角

大角鹿有一对漂亮的鹿角，让人叹为观止。不过，只有雄鹿才有这么壮观的角哟。大角鹿的角大得惊人，角面的宽度可达2.5米，两角之间最远的距离有4米。幸好它们的头颈和肩部拥有非常发达的肌肉，可以支撑这对沉重的鹿角。

换角

　　每年，大角鹿的鹿角都会脱落，然后长出一对新的鹿角，这时它们需要大量的矿物质来维持鹿角的生长，而这些矿物质首先来自于骨骼，其次是饮食，所以每当进入换角的季节，雄性大角鹿就会出现骨质疏松的症状。

武器

巨大的鹿角在大角鹿的生活中发挥着重要作用。一般来说，角越大就表示大角鹿在鹿群中的地位越高。在繁殖期，雄鹿的大角可以吸引雌鹿；遇到危险时，大角可以震慑恐吓敌人，保护鹿群；而在大角鹿家族内部，巨大的双角还是它们决斗争夺配偶的武器。

快速奔跑

尽管头部沉重，但是大角鹿依然能快速奔跑，而且奔跑速度可以达到每小时 80 千米，简直就是一位跑步健将。那些对大角鹿虎视眈眈的食肉动物，也常常败给它风驰电掣的速度，最终空手而归。